To my lov

....

from

....

GW00692007

10 9 8 7 6 5 4 3 2 1

Published in 2011 by Ebury Press, an imprint of Ebury Publishing
A Random House Group Company

Text © Ged Backland 2011
Illustrations © The Backland Studio 2011

The Random House Group Limited Reg. No. 954009

A CIP catalogue record for this book is available from the British Library.

Printed and bound by Tien Wah Press, Singapore

ISBN: 9780091938215

www.sugalumps.com

THE BACKLAND STUDIO
www.thebacklandstudio.com

You're a
LOVELY
MUM
because...

EBURY
PRESS

"I love my antibacterial spray!"
aaarghh
she's MUMtastic,
totally fantastic!

You give **germs**, dust and muddy footprints **nightmares.**

They wake up **SCREAMING,** terrified that you might get them with your fearsome **ANTiBACTERiAL** kitchen spray!

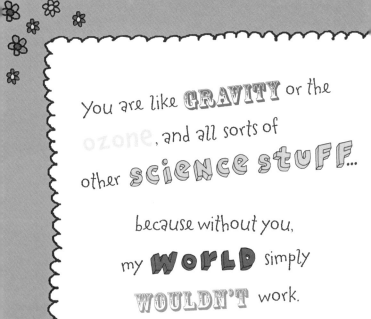

You are like **GRAVITY** or the ozone, and all sorts of other **SCIENCE STUFF**...

because without you, my **WORLD** simply **WOULDN'T** work.

4

7

You **really** are a

Star

and you

dazzle

me with your

BRILLIANCE

whenever I look at you.

9

11

You can do **4 THINGS**
at **once** just like
one of those
DISHWASHER tablets,
except **you** make
everything **SHINY,**
not just the
GLASSWARE and dinner plates!

14

17

YOU'VE got a job that gives **YOU** a day off and you even have to work **extra** hard at weekends and **CHRISTMAS...**

yet **YOU** still manage to do it **brilliantly** and with a lovely **smile!**

18

19

When I **don't** take *your* advice and things go wrong...

you Never say 'I TOLD YOU SO'

my mum is super!

No **COOKING** in the **WORLD** tastes as good as **Mum's** cooking!

Anything for me? I've been good!

When **we** were baking,
YOU DIDN'T mind
when I **made** a mess!

(and **YOU** let me help
you **sweep** up!)

26

27

YOU give **me** your **time**, your **money**, but most **importantly** your **LOVE**

I keep **expecting** to see you on **E.R.** because **you** are so **good** at **making** things **BETTER!**

30

31

You've always got one of
your **SMASHING**

Mum

(one hug cures all)

Hugs

at the **READY**

You are a **SUPERSTAR**
and should have your own perfume
like **SJP** or JLo.

It would be called
O.M.G. MUM No.1
and when anyone put it on they'd
be able to do **ten things** at once
and **STILL** manage to look lovely

I know even if a
WICKED **witch**
turned me into a *frog*
or a **weird bug** ...

you'd still **LOVE** me
and think I was
gorgeous!

37

If there were a
Best Mum festival
you'd **headline** the bill
and be on the
MAIN STAGE in your
slippers!

38

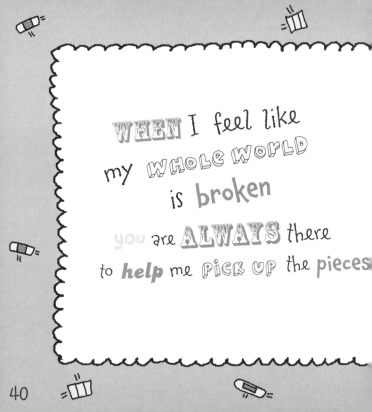

WHEN I feel like
my WHOLE WORLD
is broken
you are ALWAYS there
to *help* me PICK UP the pieces

40

41

In the DICTIONARY under
'Best Mum IN THE WORLD Ever'
it *should* have **your** photo ↓

Dictionary ←

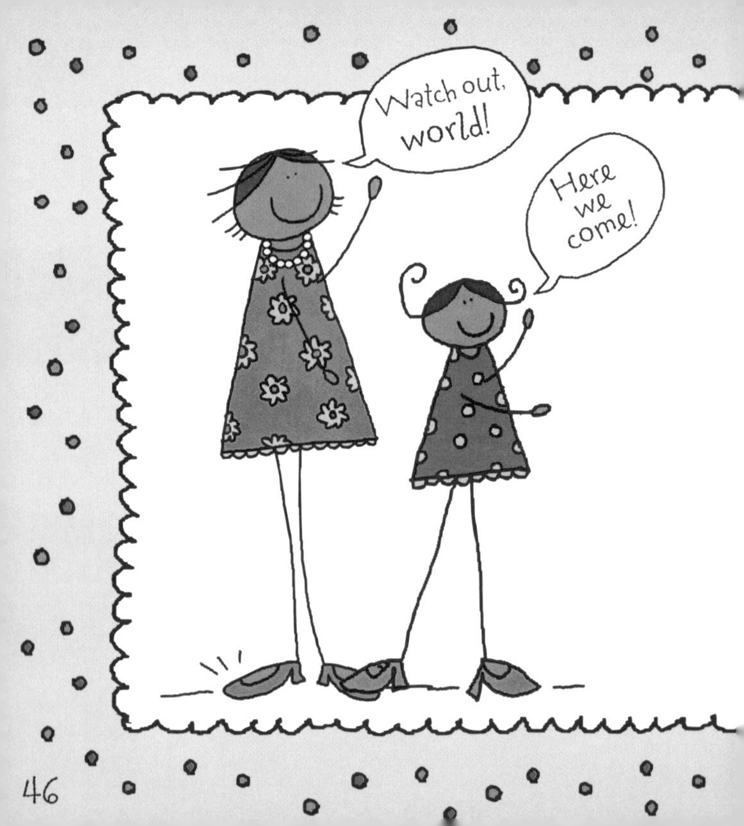
Watch out, world!
Here we come!

When we get **TOGETHER**, we're invincible!

It's like this all the time!

You **STICK UP** for me

when **no-one** else **notices**

I **NEED** sticking up for.

Don't worry sweetheart, we'll sort it out.

49

YOU still want to spit on a NAPKIN and WIPE my FACE

oh no way, a spit wash!

51

You have **taught** me *everything*
I ever needed to know:

How to go **SHOPPING** for shoes,
how to go **SHOPPING** for *bags*

and how to avoid
admitting how much
they really cost!

S is for...
shopping

But **MOST** of all you're a *lovely* **Mum** because...

when I need YOU you are ALWAYS there!

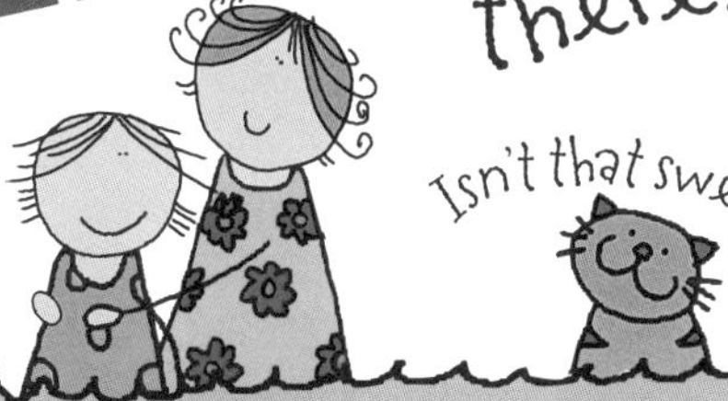